Vous voulez des cadeaux gratuits ?
Écrivez-nous par courriel à l'adresse suivante : prayer@inspiredtograce.com

@inspiredtograce

Inspired To Grace

Achetez nos autres livres sur
www.inspiredtograce.com/fr

Distribution en gros par le biais d'Ingram Content Group
www.ingramcontent.com/publishers/distribution/wholesale

Questions et service clients
Écrivez-nous par courriel à l'adresse suivante :
support@inspiredtograce.com

date:

verset du jour

réflexions

prières

gratitude

date:

verset du jour

réflexions

prières

gratitude

date:

verset du jour

réflexions

prières

gratitude

date:

verset du jour

réflexions

prières

gratitude

date:

verset du jour

réflexions

prières

gratitude

date:

verset du jour

réflexions

prières

gratitude

date:

verset du jour

réflexions

prières

gratitude

date:

verset du jour

réflexions

prières

gratitude

date:

verset du jour

réflexions

prières

gratitude

date:

verset du jour

réflexions

prières

gratitude

date:

verset du jour

réflexions

prières

gratitude

date:

verset du jour

réflexions

prières

gratitude

date:

verset du jour

réflexions

prières

gratitude

date:

verset du jour

réflexions

prières

gratitude

date:

verset du jour

réflexions

prières

gratitude

date:

verset du jour

réflexions

prières

gratitude

date:

verset du jour

réflexions

prières

gratitude

date:

verset du jour

réflexions

prières

gratitude

date:

verset du jour

réflexions

prières

gratitude

date:

verset du jour

réflexions

prières

gratitude

date:

verset du jour

réflexions

prières

gratitude

date:

verset du jour

réflexions

prières

gratitude

date:

verset du jour

réflexions

prières

gratitude

date:

verset du jour

réflexions

prières

gratitude

date:

verset du jour

réflexions

prières

gratitude

date:

verset du jour

réflexions

prières

gratitude

date:

verset du jour

réflexions

prières

gratitude

date:

verset du jour

réflexions

prières

gratitude

date:

verset du jour

réflexions

prières

gratitude

date:

verset du jour

réflexions

prières

gratitude

date:

verset du jour

réflexions

prières

gratitude

date:

verset du jour

réflexions

prières

gratitude

date:

verset du jour

réflexions

prières

gratitude

date:

verset du jour

réflexions

prières

gratitude

date:

verset du jour

réflexions

prières

gratitude

date:

verset du jour

réflexions

prières

gratitude

date:

verset du jour

réflexions

prières

gratitude

date:

verset du jour

réflexions

prières

gratitude

date:

verset du jour

réflexions

prières

gratitude

date:

verset du jour

réflexions

prières

gratitude

date:

verset du jour

réflexions

prières

gratitude

date:

verset du jour

réflexions

prières

gratitude

date:

verset du jour

réflexions

prières

gratitude

date:

verset du jour

réflexions

prières

gratitude

date:

verset du jour

réflexions

prières

gratitude

date:

verset du jour

réflexions

prières

gratitude

date:

verset du jour

réflexions

prières

gratitude

date:

verset du jour

réflexions

prières

gratitude

date:

verset du jour

réflexions

prières

gratitude

date:

verset du jour

réflexions

prières

gratitude

date:

verset du jour

réflexions

prières

gratitude

date:

verset du jour

réflexions

prières

gratitude

date:

verset du jour

réflexions

prières

gratitude

date:

verset du jour

réflexions

prières

gratitude

date:

verset du jour

réflexions

prières

gratitude

date:

verset du jour

réflexions

prières

gratitude

date:

verset du jour

réflexions

prières

gratitude

date:

verset du jour

réflexions

prières

gratitude

date:

verset du jour

réflexions

prières

gratitude

date:

verset du jour

réflexions

prières

gratitude

date:

verset du jour

réflexions

prières

gratitude

date:

verset du jour

réflexions

prières

gratitude

date:

verset du jour

réflexions

prières

gratitude

date:

verset du jour

réflexions

prières

gratitude

date:

verset du jour

réflexions

prières

gratitude

date:

verset du jour

réflexions

prières

gratitude

date:

verset du jour

réflexions

prières

gratitude

date:

verset du jour

réflexions

prières

gratitude

date:

verset du jour

réflexions

prières

gratitude

date:

verset du jour

réflexions

prières

gratitude

date:

verset du jour

réflexions

prières

gratitude

date:

verset du jour

réflexions

prières

gratitude

date:

verset du jour

réflexions

prières

gratitude

date:

verset du jour

réflexions

prières

gratitude

date:

verset du jour

réflexions

prières

gratitude

date:

verset du jour

réflexions

prières

gratitude

date:

verset du jour

réflexions

prières

gratitude

date:

verset du jour

réflexions

prières

gratitude

date:

verset du jour

réflexions

prières

gratitude

date:

verset du jour

réflexions

prières

gratitude

date:

verset du jour

réflexions

prières

gratitude

date:

verset du jour

réflexions

prières

gratitude

date:

verset du jour

réflexions

prières

gratitude

date:

verset du jour

réflexions

prières

gratitude

date:

verset du jour

réflexions

prières

gratitude

date:

verset du jour

réflexions

prières

gratitude

date:

verset du jour

réflexions

prières

gratitude

date:

verset du jour

réflexions

prières

gratitude

date:

verset du jour

réflexions

prières

gratitude

date:

verset du jour

réflexions

prières

gratitude

date:

verset du jour

réflexions

prières

gratitude

date:

verset du jour

réflexions

prières

gratitude

date:

verset du jour

réflexions

prières

gratitude

date:

verset du jour

réflexions

prières

gratitude

date:

verset du jour

réflexions

prières

gratitude

date:

verset du jour

réflexions

prières

gratitude

date:

verset du jour

réflexions

prières

gratitude

date:

verset du jour

réflexions

prières

gratitude

date:

verset du jour

réflexions

prières

gratitude

date:

verset du jour

réflexions

prières

gratitude

date:

verset du jour

réflexions

prières

gratitude

date:

verset du jour

réflexions

prières

gratitude

date:

verset du jour

réflexions

prières

gratitude

date:

verset du jour

réflexions

prières

gratitude

date:

verset du jour

réflexions

prières

gratitude

date:

verset du jour

réflexions

prières

gratitude